www.ingramcontent.com/pod-product-compliance
Lightning Source LLC
Chambersburg PA
CBHW070835310526
45788CB00017B/1111
* 9 7 8 1 5 4 6 3 2 8 4 5 2 *